MEDITACIÓN

Guía Impresionante Para Principiantes Por
Gabriyell Buechner

(Técnicas De Meditación Para Una Vida Libre De Estrés)

Axel Díaz

Publicado Por Daniel Heath

© **Axel Díaz**

Todos los derechos reservados

Meditación: Guía Impresionante Para Principiantes Por Gabriyell Buechner (Técnicas De Meditación Para Una Vida Libre De Estrés)

ISBN 978-1-989808-35-1

Este documento está orientado a proporcionar información exacta y confiable con respecto al tema y asunto que trata. La publicación se vende con la idea de que el editor no esté obligado a prestar contabilidad, permitida oficialmente, u otros servicios cualificados. Si se necesita asesoramiento, legal o profesional, debería solicitar a una persona con experiencia en la profesión.

Desde una Declaración de Principios aceptada y aprobada tanto por un comité de la American Bar Association (el Colegio de Abogados de Estados Unidos) como por un comité de editores y asociaciones.

No se permite la reproducción, duplicado o transmisión de cualquier parte de este documento en cualquier medio electrónico o formato impreso. Se prohíbe de forma estricta la grabación de esta publicación así como tampoco se permite cualquier almacenamiento de este documento sin permiso escrito del editor. Todos los derechos reservados.

Se establece que la información que contiene este documento es veraz y coherente, ya que cualquier responsabilidad, en términos de falta de atención o de otro tipo, por el uso o abuso de cualquier política, proceso o dirección contenida en este documento será responsabilidad exclusiva y absoluta del lector receptor. Bajo ninguna circunstancia se hará responsable o culpable de forma legal al editor por cualquier reparación, daños o pérdida monetaria debido a la información aquí contenida, ya sea de forma directa o indirectamente.

Los respectivos autores son propietarios de todos los derechos de autor que no están en posesión del editor.

La información aquí contenida se ofrece únicamente con fines informativos y, como tal, es universal. La presentación de la información se realiza sin contrato ni ningún tipo de garantía.

Las marcas registradas utilizadas son sin ningún tipo de consentimiento y la publicación de la marca registrada es sin el permiso o respaldo del propietario de esta. Todas las marcas registradas y demás marcas incluidas en este libro son solo para fines de aclaración y son propiedad de los mismos propietarios, no están afiliadas a este documento.

TABLA DE CONTENIDO

Parte 1 1

Introducción 2

Capítulo Uno: La Meditación Y Sus Beneficios 3

CONTROL DEL ESTRÉS 4
CONTROL DE LAS EMOCIONES 5
INCREMENTO DE SEROTONINA 5

Capítulo Dos: Meditación Para El Control De La Ira 7

MEDITACIÓN RESPIRATORIA 7
Anulomvilompranayama 8
Bhrastrikapranayama 9
Kapalbhati 9
Pranayama Contando 10
MEDITACIÓN BASADA EN EL MOVIMIENTO 10
Meditación Al Caminar 11
Meditación Zazen 12

Capítulo Tres: Meditación Para Combatir El Estrés Y La Ansiedad. 15

MEDITACIÓN CONTEMPLATIVA 18
VISUALIZACIÓN GUIADA 18
HIPNOSIS 19

Capítulo Cuatro: Meditación Para Incrementar La Felicidad 20

CONTEO CONSCIENTE 23
RESPIRACIÓN CONSCIENTE 24
EJERCICIO CONSCIENTE 25
MÚSICA CONSCIENTE 25
DUCHA CONSCIENTE 26
COCINA/QUEHACERES CONSCIENTES 26
SUEÑO CONSCIENTE 27

Capitulo Cinco: Herramientas Necesarias Para Empezar 28

RINCÓN SILENCIOSO 28

AIRE	28
CUENTAS	29
ESTERA Y ALMOHADAS	29
ILUMINACIÓN	30
PLANTAS	30
TAZÓN CANTADOR	30
OLORES	31
ÍDOLOS	32

Capítulo Seis: Cantos Para La Meditación 33

OM	33
AIM	34
HRIM	34
KRIM	34
SHRIM	34
KLIM	35
LAM	35
VAM	35
RAM	36
YAM	36
HAM	36
OM	36

Conclusión 38

Parte 2 39

Introducción 40

¿Qué Es La Meditación? 43

TOMAR DECISIONES	46
¿POR QUÉ MEDITAR?	47
CONCIENCIA	49

¿Cómo Funciona La Meditación? 51

ELASTICIDAD CEREBRAL	52
OTROS EFECTOS FÍSICOS	54
BENEFICIOS PROBADOS	54

¿Quién Se Puede Beneficiar De La Meditación? 55

ANSIEDAD 56
ESTRÉS CRÓNICO 56
PENSAMIENTO CREATIVO 57
LUCHAR CONTRA ADICCIONES..................................... 57
DÉFICIT DE ATENCIÓN 57
DEPRESIÓN 58
ENCUENTRA EL MOMENTO 59
ESCOGE UN ESPACIO 60
PREPÁRATE 62
RESPIRACIÓN 63
EXPLORACIÓN CORPORAL 65
VISUALIZACIÓN 67
CONCENTRACIÓN DE OBJETO 68
MEDITACIÓN CON MANTRA 69
MEDITACIÓN DE AFIRMACIÓN 70
LOS PRIMEROS TRES BOCADOS 74
EL CAFÉ 75
LUZ DE ALTO 76

Practicando Más 76

Meditaciones Guiadas 79

GUÍAS ELECTRÓNICAS 80
MÚSICA 81
GRUPOS DE MEDITACIÓN 82
RETIROS 83

Conclusión 84

Parte 1

Introducción

En esta nueva era, en la que la vida se ha vuelto extremadamente frenética, todos necesitamosuna salida que nos ayude a evitar las dolencias de la naturaleza que no solamente son físicas sinotambién, mentales.

A diferencia de las dolencias físicas, las mentales son difíciles de curar puesto que varían bastamente de persona a persona y no requieren un solo tipo de tratamiento. Algunas de estas incluyen al estrés, la ansiedad y la ira extrema.

Si has sufrido alguna de estas y quieres encontrar una solución,¡has llegado al lugar indicado! Este libro actuará como tu guía hacia la meditación y encaminará tu vida en la dirección correcta.

Aprenderás cómo la meditación puede ayudarte a combatir el estrés, la ansiedad y la irapara conducirte a una vida feliz.

¡Espero que pases un buen rato leyendo este libro!

Capítulo Uno: La meditación y sus beneficios

En este primer capítulo, explicaremos el significado de la meditación y examinaremos sus beneficios.

La meditación puede verse como un ejercicio mental que uno desempeña para controlar pensamientos y regular las acciones. Esta se trata de enfocarse en un único elemento que puede ser tanto de naturaleza interna como externa. La meditación es predominantemente practicada para conseguir paz interior y combatir pensamientos negativos.

Meditación viene de la palabra *meditate* que significa pensamiento profundo. Encuentra sus raíces en la India antigua en donde los yogis se entregaban a sesiones de pensamientos profundos para controlar sus ideas y acciones. Una vez que los occidentales empezaron a adoptar esta práctica, comenzaron a tratarla como un medio para optimizar la concentración. Es considerada como una herramienta para alcanzar la claridad mental y aumentar la productividad.

A continuación, veremos algunos de los beneficios de emprender la meditación.

Control del estrés

El estrés es una de las afecciones mentales más comunes en el mundo. Estilos de vida frenéticos llevan a la aparición del estrés, que, con el tiempo, conduce a la ansiedad. Cuando una persona se estresa, muchas reacciones físicas negativas comienzan a ocurrir, como lo son el ritmo cardiaco acelerado, presión alta, subidones de adrenalina, etc. Todas estas son compensadas con un químico conocido como Cortisol, el cual es producido por el cerebro para controlar el estrés. Cuando alguien sufre de secreción excesiva de cortisol, puede desencadenar pánico mental y caos. Puede llevar también a un desequilibrio emocional e ira extrema. Es mejor, por consiguiente, controlar la liberación de cortisol mediante la práctica de la meditación.

Control de las emociones

Tanto el estrés como la ansiedad pueden llevar a problemas de ira. La mayoría de las personas tratan a la ira como una forma de liberación para deshacerse de su estrés. Esto frecuentemente puede resultar en peligrosas consecuencias. Es por tanto aconsejable abordar la situación lo más rápido posible para lograr una vida calmada y serena. Aparte de controlar tus emociones, la meditación es también útil para incrementar el nivel en que pierdes los estribos. En algunos casos, erradica incluso la necesidad de estar enojado en una situación dejándote, de este modo, calmado y apacible.

Incremento de serotonina

La mente usa varios químicos para controlar cómo una persona siente. Estos son conocidos como neurotransmisores y pueden hacer que una persona se sienta feliz o triste. Uno de los neurotransmisores que promueven la felicidad es distinguido como serotonina. La serotonina ha sido reconocida por tener un efecto positivo sobre la mente y el cuerpo. Si tu cerebro produce la serotonina suficiente, puede mantener la depresión alejada. De hecho, no se necesitaría el uso de los antidepresivos ya que la serotonina actúa como un antidepresivo natural. Tu mente estará en un nivel de consciencia superior y prevendrá que tomes reacciones impulsivas ante las situaciones.

La meditación puede ser practicada individualmente o en grupos. Es ideal practicarla al menos dos veces al día para poder obtener al máximo sus beneficios.

Capítulo Dos: Meditación para el control de la ira

La ira es una respuesta natural y humana ante ciertas situaciones adversas. Es normal que alguien se sienta molesto si algo no funciona como él o ella quiere. Sin embargo, si la ira comienza a volverse un problema, entonces surgirá la necesidad de medidas para controlar la ira y lograr combatirla.

La ira extrema puede dañar potencialmente el estado mental de una persona como también desencadenar violencia física. En tal caso, es mejor realizar prácticas meditativas para controlar e idealmente acabar con los problemas de ira.

He aquí una mirada a algunas técnicas de meditación básicas que pueden ayudarte a controlar la ira.

Meditación respiratoria

El respirar es un proceso natural. Cuando una persona respira, el cuerpo entero se beneficia de una manera u otra. El aire fresco ayuda a suplir de oxígeno varias partes del cuerpo reduciendo el impacto del estrés en diferentes órganos. La meditación hace mucho énfasis en respirar y considera que es una parte importante en el manejo de la ira.

Acá hay algunas prácticas meditativas basadas en la respiración.

Anulomvilompranayama

Anulomvilom es una de las técnicas de respiración más conocidas en el mundo. Es una práctica meditativa pensada para aliviar el estrés y la ansiedad. Para empezar con la práctica, comienza por ponerte en la posición del loto. La posición del loto se forma cuando te sientas con tus piernas dobladas y la espalda erguida. Coloca tus palmas en las rodillas. Cierra los ojos y pon tu pulgar derecho sobre tu fosa nasal derecha. Inhala por tu fosa izquierda y sostén la respiración. Libera tu pulgar de tu fosa nasal derecha y cubre la izquierda. Exhala a través de la fosa nasal derecha antes de inhalar. Cierra tu fosa nasal derecha y sostén la respiración antes de liberarla por la izquierda. Ahora exhala e inhala a través de tu fosa izquierda y así sucesivamente. Continúa haciéndolo por cinco o siete minutos.

Bhrastrikapranayama
Bhrastrikapranayama es otro tipo de meditación respiratoria que puede ayudarte a alejar los pensamientos y sentimientos negativos. Para realizar este ejercicio, asume la posición del loto y cierra los ojos. Baja la cabeza suavemente para tomar una profunda bocanada de aire. Gentilmente eleva la cabeza para exhalar. Continúa por dos minutos. Este es un ejercicio intensivo y puede dejarte con un ligero aturdimiento. Para si te sientes mareado.

Kapalbhati
Kapalbhati es un ejercicio que es muy efectivoen enfocar tu mente y calmándote. Para ejecutarlo, ponte en la posición del loto y cierra tus ojos. Exhala rápidamente con tu respiración saliendo directamente de tu estómago y asegúrate de que tu respiración completa se expulse de una exhalación. Continúa por cinco minutos.

Pranayama contando

Este pranayama es cuando usas los números para dirigir tu mente hacia tu respiración. Este tipo de pranayama te compele a usar un patrón particular para contar tu respiración. Para empezar, Inhala profundamente y cuenta hasta dos. Luego, sostén la respiración hasta contar ocho. Una vez hecho esto, suelta tu respiración con la cuenta de cuatro. Debes reducir gradualmente el tiempo que te toma inhalar y exhalar. Continúa por cinco u ocho minutos.

Estos son distintos ejercicios de respiración que puedes usar para calmarte. Entre más frecuentemente los hagas, mejores resultados obtendrás.

Recuerda no sobrepasarte con estos ejercicios ya que puede llevar a estrés. Limita los ejercicios de respiración a no más de diez minutos al día. Es mejor realizarlos apenas te levantes en la mañana.

Meditación basada en el movimiento

Un punto clave es que la meditación no se

trata siempre de sentarse calmadamente en un mismo sitio y practicar ejercicios de respiración. Hay algunos tipos que permiten incorporar movimiento físico. Aquí hay un par de métodos basados en el movimiento explicados a detalle.

Meditación al caminar

Como lo sugiere el nombre, la meditación al caminar se refiera a realizar una meditación en el transcurso de una caminata. Para poder iniciar con esta meditación, comienza con encontrar una acera o carretera larga que carezca de obstáculos. Un parque funcionaría perfectamente. Encuentra un rincón silencioso y párate erguido con tus manos a los costados. Aprieta tu puño y toma una profunda respiración. Suelta la respiración y coloca tu pie derecho adelante. Inhala y sitúa tu pie izquierdo más adelante. Exhala y coloca tu pie derecho adelante y así sucesivamente. Repite este patrón de 10 a 15 minutos. Considera utilizar un cronómetro para calcular tu próximo paso.

Meditación Zazen

Zazen es un tipo de meditación basada en el movimiento que te hace mover el cuerpo hacia adelante y hacia atrás. Para realizarla, empieza por sentarte con tu cuerpo descansando en tus piernas dobladas. Asegúrate de estar cómodo y de no tener espasmos o calambres en las piernas. Coloca un objeto relevante en frente tuyo, como una estatua de Buda o una planta. Fija tu mirada sobre el objeto y comienza a mecer tu cuerpo hacia adelante y hacia atrás. Asegúrate de mantener un movimiento constante para que tu cuerpo absorba cada movimiento dejándote con un hormigueo. Haz esto de 15 a 20 minutos cada día para obtener máximos beneficios.

Estas son dos de las prácticas meditativas basadas en el movimiento que puedes realizar para calmarte tú mismo.

- Encuentra un sitio tranquilo y cierra los ojos. Cuenta hasta 10. Considera contar en reversa para que tu mente hasta el doble de esfuerzo y te distraiga.
- Siéntate en un lugar tranquilo y cierra

los ojos, Toma de 10 a 15 inhalaciones profundas y concéntrate en que el aire entre y abandone tu cuerpo.

- Si estás en un entorno natural acércate a un elemento de la naturaleza como lo es un árbol, el mar o el pasto. Párate cerca y toma profundas inspiraciones.
- Si una persona en particular te está ocasionando ira, entonces inmediatamente ve a un lugar callado y cierra los ojos. Céntrate en las cualidades positivas y combate los sentimientos negativos. Esto aplica a situaciones de la vida también. Asegúrate de concentrarte en los aspectos positivos de la situación que te indispone.
- Tómate un tiempo de tu ocupado horario de trabajo para hacer una lista de las cosas que te están molestando. Asume la posición del loto y haz los ejercicios de respiración. Trae cada problema hacia tu conciencia y exhálalo fuera de tu sistema.
- Asegúrate de mantener un diario para escribir acerca de tus episodios de ira.

Sabiendo qué los ocasiona, puedes ayudar a que seas más proactivo y asumir rápidamente una posición meditativa para combatirlo.

Capítulo tres: Meditación para combatir el estrés y la ansiedad.

El estrés, hoy en día, es un estado mental inevitable ya que todo el mundo es forzado a vivir vidas frenéticas.

La Ansiedad esuna condición en la cual la persona se preocupa anticipadamente por una situación futura. La mayoría de estas anticipaciones serán sin fundamento y resultado directo de estrés excesivo.

Ambos problemas, la ansiedad y el estrés, pueden ser efectivamente reducidos con meditación. Aquí hay una breve mirada en cómo la meditación puede ayudar a reducir la ansiedad.

- El primer paso del proceso es encontrar la raíz del problema que causa ansiedad o estrés. Sin conocer qué te está causando estrés, no podrás combatirlo efectivamente. Cuando conozcas la naturaleza de tu estrés, podrás escoger el tipo correcto de práctica meditativa para poder combatirlo.
- Recuerda que la meditación ayuda a combatir la ira y no elimina la causa raíz.

- Una vez que hayas anotado las causas, trata de resolverlas para que sea más fácil canalizar una paz interna a través de la meditación.
- La ansiedad por lo general se pone en marcha cuando estás rodeado de caos. El Caos puede ser de naturaleza interna o externa. Algunas formas de caos interno incluyen a los celos, inseguridades y falta de confianza en sí mismo. El caos externo incluye distracciones, odio, etc. Con la ayuda de la meditación, puedes combatir todos estos y acabar con los pensamientos y emociones negativas.
- El caos externo puede generalmente llevar al estrés físico y a la ansiedad. La meditación te ayuda a abrir tu cuerpo y mente. Te deja con un sentimiento de calma.
- La meditación tiene la cualidad de atenuar toda negatividad y de promover positividad. Crea un canal para eliminar lo negativo.
- La meditación es una herramienta poderosa que puede ser usada para

soltar tensión y estrés. Es considerada una herramienta que se usa para cambiar la actitud propia y aceptar la vida como se desarrolle.
- La ansiedad a menudo lleva a la aparición de la ira. Como leímos en el capítulo anterior, no controlar la ira puede llevar a consecuencias devastadores. Controlando la ansiedad a través de la meditación puedes efectivamente controlar la ira y prevenir sus repercusiones.
- A través de la meditación te darás cuenta de apoco de que tu estado mental y el control sobre tu propia mente es más poderoso que la ira.
- Desarrolla el hábito de dejar ir las cosas que no requieren mucha atención o énfasis. La meditación puede ayudarte con este respecto disminuyendo la negatividad y previniéndote de llegar a un estado de ansiedad.
- Según estudios, la ansiedad a veces cambia la propia manera en que una persona piensa. Si has llegado a este estado, entonces podrás tener que

inmiscuirte en una meditación intensa para para resolver esta situación y arrancarla de raíz.

Acá hay algunas de las tácticas meditativas que puedes adoptar para vencer al estrés y la ansiedad.

Meditación contemplativa

La meditación contemplativa se trata de concentrarte completamente en la situación actual sin prestar atención a las distracciones que te rodean. Esta técnica funciona mejor en la oficina, cuando querrías evadir distracciones y mantenerte concentrado en tu trabajo. Repasaremos este tipo de meditación en detalle el capítulo siguiente.

Visualización guiada.

Esta se refiere a usar la energía de tu mente para cambiar la situación actual. Según este método, se requiere que te sientes en un rincón silencioso y visualices un futuro en donde todos tus problemas se han desvanecido y estás llevando una vida carente de estrés. Te encuentras en un ambiente natural, como flotando en un río o corriendo por un campo y estás únicamente rodeado de felicidad.

Hipnosis

La hipnosis es un tipo de práctica meditativa que generalmente se toma como un último recurso para aliviar el estrés y la ansiedad.A diferencia de la hipnoterapia profesional, la hipnosis es ponerte a ti mismo en un estado de subconsciencia, donde puedes ver las cosas con claridad. Para lograr esta terapia, empieza encontrando un rincón callado y asume una posición reclinada. Ahora céntrate en tu mente subconsciente e intenta valorar lo que se encuentra allí. Si encuentras un pensamiento desagradable, piensa en cómo puedes llevar ese pensamiento al frente y eliminarlo o lidiar con él Puedes hacer esto una vez por semana para eliminar cualquier negatividad.

Capítulo Cuatro: Meditación para incrementar la felicidad

La meditación y la atención plena van de la mano. La atención plena o *mindfulness* en inglés, se refiere a estar presente en el momento y asegurarte de que tu mente está completamente concentrada en una sola cosa.

Aquí hay una mirada a la conexión entre ambas en detalle.

Se cree que practicar el *mindfulness* es una poderosa forma de combatir el sufrimiento y elevar la confianza y la sabiduría. No solamente ayuda a aumentar tu propia sabiduría, sino que también influencia a las personas que te rodean.

El *mindfulness* es frecuentemente instruido junto con la meditación en la mayoría de las escuelasBudistas. Ayuda a los monjes a llegar a un nivel superior de consciencia interna.

El *mindfulness* puede ser también usado con el objetivo de transportar nuestras mentes a un lugar de calma. Es empleado para mantener a raya las distracciones e incrementar la concentración en la situación presente. La mente humana es propensa a las distracciones y no puede concentrarse en más de una cosa a la vez. Para resolver esto, pueden ser empleadas las herramientas y técnicas del *mindfulness*.

Puede decirse que el *mindfulness* no nos conduce en la dirección contraria; en vez de esto, nos ayuda a entrar en un rol natural. Nos enseña a estar presentes en el momento actual y absorber la atmósfera que nos rodea. Esto ayuda a reducir el estrés y controla la ansiedad en gran medida.

El *mindfulness* ayuda a un individuo a introducirse profundamente en su propia consciencia, mejorando así el autocontrol. La mente no comienza a deambular y por tanto sufre menos. Un estado de despertar ayuda a entender mejor tu entorno y frena las reacciones como la ira, el odio, los celos y el estrés.

Estando más presente en tu propio ser, tienes la oportunidad de profundizar en tus pensamientos y extraer una sabiduría autoconstruida que vive en tu interior. Tiene el potencial de impedir que te hundas en la negatividad y de prevenir el despertar del estrés y la ansiedad.

Te sentirás más vivo y más centrado en el presente. Tu mente no se distraerá fácilmente y se mantendrá en un solo lugar, el lugar donde tú quieras que tu mente se mantenga. Se cree que la mayoría de las personas tienden a huir de los escenarios actuales con la esperanza de llegar a un lugar mejor, pero hacer esto solo empeorará la circunstancia y les hará difícil el aceptar las cosas. Es entonces mejor dejarse caer en el *mindfulness* para lidiar con la situación y que no lleve al sufrimiento.

El *mindfulness* es prestar profunda atención al momento presente. Enfocarte en detalles hace más fácil para una persona sortear las cosas y estar más presente en la situación actual. Es importante mantenerse feliz y en el momento.

Cuando logramos estar plenamente enfocados, tendemos a no enojarnos por nimiedades. Nuestra concentración está completamente volcada a la situación actual y a lo que estamos haciendo. Incluso si alguien trata con todo su esfuerzo enojarnos, aunasí no te distraerás y continuarás con tu trabajo. Si piensas que necesitas un cambio en el ambiente, entonces automáticamente se te ocurrirá la solución sin tener que pensar mucho en ello.

Entonces, ¿cómo empiezo a practicar el *mindfulness?* Bueno, ¡descubrámoslo!

Como fue mencionado con anterioridad, el *mindfulness* es estar presente en el momento actual. Debes reunir tus pensamientos y canalizar tu energía positiva.

Para ayudarte a empezar, acá hay unos ejercicios de *mindfulness* que puedes hacer diariamente.

Conteo consciente

Uno de los mejores y más sencillos ejercicios del *mindfulness* es el conteo consciente. Se refiere a contar hacia arriba o hacia abajo dependiendo en qué tan consciente quieres volverte. Empieza de cero y cuenta hasta 60. Una vez hecho esto, ve hacia atrás desde 60 hasta 0. Continúa esto hasta que tu mente esté completamente en el momento. Esta técnica puede ayudarte combatir el estrés y asegurar que puedes analizar la situación antes de tomar acción.

Respiración consciente

La respiración consciente se refiere a concentrarte en tu respiración. Es similar al AnulomVilom con excepción de que te concentras en tu respiración normal. Cierra tus ojos y visualiza tu respiración entrando por tus fosas nasales y saliendo de ellas. Asegúrate de que tomas una profunda bocanada de aire que se origina desde tu estómago. Puedes contar hasta cinco mientras de concentras en tu respiración. Si haces esto de cinco a diez minutos al día, entonces te sentirás completamente fresco y tu mente se sentirá energizada. Puede también ayudar a reducir las distracciones y a enfocarte en la tarea que necesitas.

Ejercicio consciente

El ejercicio es una parte vital de la vida. Si no te ejercitas entonces tu cuerpo empieza a secretar más cortisol como una respuesta hacia el estrés. Sin embargo, mediante el ejercicio, es posible incrementar la cantidad de serotonina en tu cuerpo. Es preferible introducirse en un ejercicio consciente. Empieza levantándote temprano y estirando tu cuerpo entero. Ve a caminar o a correr. Mantén el foco en la actividad y en tu entorno. Si tienes una mascota entonces camina con ella. No te apures en el proceso y disfruta cada aspecto de ello.

Música consciente

La música es uno de los expulsores de estrés más naturales en el mundo. En escuchando conscientemente música, puedes alejar el estrés y la ansiedad. Escucha música consciente y enfócate en los variados ritmos. Si no tienes el tiempo de sentarte a escuchar música, entonces ponte tus audífonos mientras haces quehaceres y escucha en paz.

Ducha consciente

La gente ha olvidado cómo apreciar las pequeñas cosas de la vida y están siempre con prisa de completar una tarea u otra. Un gran combatiente del estrés es tomar un baño consciente. Una ducha no solo ayuda a limpiar tu cuerpo, sino que también calma tu mente. Pasa al menos 30 minutos en la ducha consintiéndote y mantente completamente concentrado en la actividad. Empieza abriendo la ducha y visualízate a ti mismo bajo una cascada. Recoge la barra de jabón y olfatéala para despertar tus sentidos. Rueda la barra sobre tu cuerpo y enfócate en el rastro que deja. Enjabónate y tómate el tiempo en lavarlo. Esta experiencia puede ayudarte a sobrepasar un día de estrés.

Cocina/quehaceres conscientes

Es importante ser consciente mientras cocinas o haces los quehaceres diarios. No consientas en ver televisión o tener alguna otra distracción, debes estar completamente enfocado en la tarea que haces.

Sueño consciente

Tus sueños pueden decirte mucho acerca de tu mente subconsciente. De hecho, contienenel secreto de por qué puedes estar pasando por estrés y ansiedad. Para entenderlos mejor, es mejor internarse en un sueño consciente. Repite la frase "recordaré mi sueño" de diez a 12 veces antes de meterte en la cama. Te ayudará a recordar mejor tu seño en la mañana.Mantén un diario y bolígrafo cerca para poder anotarlos apenas te despiertes. Trata de encontrar un patrón en tus sueños para tener una idea más completa de qué es lo que realmente te está molestando. Cuando encuentres qué es eso que te perturba, puedes trabajar en resolver el problema por medio de la meditación.

Capitulo cinco: Herramientas necesarias para empezar

Hasta ahora, estoy seguro de que has comprendido la importancia de la meditación y cómo puede ayudar a canalizar tu calma interior.

En este capítulo, miraremos algunas de las cosas que necesitas para comenzar a meditar.

Rincón silencioso

Uno de los aspectos más importantes de la meditación es tener una atmósfera calmada. Debes encontrar un rincón silencioso para asegurar que no hayan perturbaciones alrededor. Una buena idea es dedicar una habitación a este respecto para que puedas meditar en paz. Debes informar a tus miembros familiares de no interrumpir cuando entres a esta habitación. Si quieres algo más abierto, considera entonces ocupar el balcón o el porche delantero.

Aire

La habitación debe ser aireada. Asegúrate

de que hayan ventiladores. Siéntate debajo de uno para mantener el aire en circulación. Considera sentarte en el jardín o en un espacio abierto para respirar aire fresco. El oxígeno fresco es lo suficientemente poderoso para calmar tu mente y avivar tu cuerpo.

Cuentas

Es aconsejable usar una cadena de cuentas para llevar un registro de tus cantos. Podrías olvidar el número de cantos y tener que empezar de nuevo. Una cadena de cuentas te puede ayudar a contar el número de cantos, y también sirve para enfocarte en un objeto en particular.

Estera y almohadas

La idea detrás de la meditación es hacerlo tan cómodo para ti mismo como sea posible, para que sea más fácil para tu mente enfocarse en la práctica. Invierte en una estera cómoda y almohadas que te dispongan instantáneamente en una actitud adecuada y aseguren que estás feliz cuando empieces la práctica.

Iluminación

Asegúrate de que haya abundante luz en la habitación o de otra forma, terminarás durmiéndote. Es importante que se filtre suficiente luz y que no esté muy oscuro. Considera usar iluminación ambiental para conseguir el tono preciso. Prueba luces de colores como azul o verde. El rosa puede calmarte instantáneamente y ponerte en la actitud apropiada para empezar con la meditación. Si planeas sentarte en un ambiente natural, entonces considera sentarte debajo del sol directo ya que también puede favorecer tu aura.

Plantas

Es mejor estar tan cerca de la naturaleza como sea posible mientras meditas. Si estás al aire libre, elige entonces sentarte cerca de una planta aromática como rosas o jazmines. Estima colocar una maceta en tu habitación y concentrarte en ella cada vez que te sientes a meditar.

Tazón cantador

Los tazones cantadores, bol cantadores o

cuencos tibetanos son herramientas tradicionales budistas usadas para generar sonidos de ambiente en la habitación. Es importante seleccionar un área que sea callada para no tener distracciones. Coloca el tazón cantador en frente tuyo y utiliza el mazo para golpearlo. Esto generará un sonido vibrante que instantáneamente te calmará. Comienza a tararear con el tono del bol y canalizar tu calma interior.

Olores

Cuando se trata de meditación, es mejor tener una experiencia sensorial plena. Eso quiere decir que te concentras en la luz, el aire y también el olor de la habitación. Si tu habitación está llena de cosas o hay algún olor, entonces puede que no puedas centrarte en la meditación. Es entonces mejor usar barras de incienso para neutralizar los olores. Algunas esencias como la lavanda, la rosa y el sándalo calman inmediatamente la mente y promueven la positividad. Las velas de aroma pueden ser una elección alternativa. Enciende algunas en frente tuyo y céntrate en la luz para realzar tu experiencia.

Ídolos

Aunque la meditación no se ajuste a ninguna religión en particular, es comúnmente asociada con el budismo. Puedes colocar a un Buda en la habitación o incluso a Ganesha. Asegúrate de que sean visibles para ti cuando te sientes a meditar.

Capítulo seis: cantos para la meditación

Un aspecto clave de la meditación son los cantos o mantras. Los mantras no son más que simples palabras que pueden impactar profundamente tu estado mental. Aunque sean solo palabras, son extremadamente poderosas y pueden devolver una mente distraída al enfoque de nuevo.

Hay unos cuantos mantras que puedes recitar para canalizar paz interna y son los siguientes.

Om

Uno de los cantos más ampliamente usados en el mundo de la meditación es "Om". Se dice que es la palabra más poderosa en el mundo ya que manda vibraciones hacia arriba y abajo en tu cuerpo cuando lo recitas. Puesto que es una simple palabra puedes cantarla tanto como quieras. Pero asegúrate de sentir las vibraciones moviéndose por tu cuerpo mientras la recitas.

Aim

Aim es la contraparte femenina de Om y es usada para canalizar energía femenina. Al cantar "om" y "aim", crearás un balance entre los aspectos masculinos y femeninos para llevar una vida armoniosa.

Hrim

Hrim es un poderoso canto asociado con la creación y la preservación. Se puede usar este canto para estimular la confianza en sí mismo. Es generalmente recitado después de "aim".

Krim

Krim es una palabra usada para controlar los niveles de cortisol y dejar tu mente con un impulso positivo. Ayuda tambiéna controlar la adrenalina y cerciorar de que tu cuerpo y mente están alineados.

Shrim

Shrim es un canto poderoso que representa la devoción. Esta potente palabra puede ser usada para incrementar la concentración y enfocarte en las cosas positivas.

Klim

Klim es el canto que termina la práctica. Es una palabra calmante que relaja la mente y el cuerpo.

El cuerpo humano está construido por siete chakras ocultos que reposan en el centro a distancias equitativas. Si estos chakras son bloqueados, entonces seguro experimentarás problemas de salud tanto de naturaleza física como mental. Lo mejor es mantener estos chakras limpios para prevenir el estrés y la ansiedad.

Hay cantos específicos que influencian estos chakras y ayudan en la eliminación de bloqueos. Algunos de estos cantos son los siguientes.

Lam

Lam ayuda a arreglar el primer chakra. Este chakra descansa en la base de tu cuerpo.

Vam

Vam se usa para limpiar tu segundo

chakra, que descansa ligeramente encima del primer chakra.

Ram

El tercer chakra reside debajo tu esternón y puede ser limpiado cantando la palabra Ram.

Yam

Yam es un efectivo canto que puede ayudar a limpiar tu cuarto chakra. El cuarto chakra es también conocido como tu chakra corazón y controla el resto de los chakras.

Ham

Ham es un canto usado para limpiar el quinto chakra que se encuentra en el centro de tu garganta.

Om

Como lo hemos discutido con anterioridad, Om es un poderoso canto que ayuda a limpiar tu sistema completo y promueve la energía positiva.

Todos estos cantos juntos son conocidos

como los mantras bija y colectivamente mantienen tus chakras limpios.

Asegúrate de que cantas al menos un conjunto de palabras cada día por 20 minutos. Mientras pasa el tiempo y tus chakras se limpian, empezarás a sentirte ligero y libre de estrés. Controlará también los problemas relacionados con la ira y te convertirá en una mejor persona.

Conclusión

Te agradezco una vez más por haber elegido este libro y espero que hayas pasado un buen rato leyéndolo.

El principal objetivo de este libro fue de enseñarte los básicos de la meditación y mostrarte cómo puede usarse para mejorar tu vida diaria.

Debes hacer de la meditación una práctica diaria.

Puedes invitar a un compañero a meditar contigo, y así ambos se motivarán mutuamente a seguir.

Recuerda darle un poco de tiempo a estas prácticas para que empieces a notar los cambios en tu mente y tu cuerpo. Esto puede variar dependiendo de tu personalidad y capacidad mental.

Te deseo suerte en tu iniciativa de meditar y espero que veas resultados positivos.

Parte 2

Introducción

¿El pensar en meditación conjura imágenes de hippies y fanáticos religiosos sentados de piernas cruzadas por horas, realizando cánticos extraños? Esa gente puede existir, pero la meditación no tiene porqué ser así. ¡También es para gente normal! Más y más gente se está dando cuenta de los efectos positivos que la meditación puede tener en su salud y humor, ya definitivamente no se ve como una actividad espiritual o de la nueva era. La gente alrededor del mundo, desde estrellas deportivas hasta CEOs de grandes negocios, están reconociendo los beneficios que trae la meditación para ellos y sus empleados. Y la neurociencia está respaldando varias de las afirmaciones sobre la meditación, desde sus efectos anti-edad hasta su habilidad para combatir el estrés.

La meditación ha existido por más de 5.000 años, así que bastante se ha probado. Ligada a varias de las más grandes religiones, particularmente las orientales como el Budismo y el Hinduismo, ha sido eje central en la búsqueda de respuestas sobre el propósito de la vida por parte de la gente. Aunque está ligada particularmente a estas religiones, hay elementos de la meditación inclusive en el Cristianismo y el Islamismo. En el oriente, la práctica de la meditación es más nueva, haciéndose popular a finales del Siglo XIX, al ser presentada en el Yoga por Swami Vivekananda, un monje Indio de religión Hindú que vino al Oeste para predicar sobre los Parlamentos de las Religiones. La explosión real ocurrió en los años 60s, cuando la meditación trascendental, enseñada por Maharishi Mahesh Yogi, fue tomada por personas como Los Beatles, quienes viajaron hacia India para estudiar con él. Esta vieja forma de buscar respuestas al significado de la vida y de expandir la mente personal se acopló bastante bien junto a la nueva cultura del individualismo, y proveyó una alternativa (o adición) a la búsqueda a través de las drogas.

Este enlace con una cultura "hippie" y de

drogas, hizo que la mayoría no aceptara la meditación, pero entre los años 80s y 90s esto cambió, en mayor parte por la influencia de Jon Kabatt-Zinn, un científico Americano que fusionó sus prácticas de meditación Budista con su trabajo sobre el estrés y la ansiedad. Esto llevó a que el común de las personas tomara la meditación en serio dentro del mundo científico. Los efectos de la meditación ahora se estudian a fondo, al punto de que la medicina convencional ahora la incorpora en programas de tratamiento para condiciones como ansiedad y depresión.

¿Qué es la Meditación?

¡Lo que parece una pregunta muy directa arroja muchas respuestas! La meditación se describe de manera variada como:
- Un estado de contemplación
- Un estado de concentración
- Un enfoque dentro de la mente vacía
- Un método de lograr un estado de iluminación
- Una práctica para obtener conciencia
- Concentración para aclarar la mente
- Una práctica espiritual para calmar la mente

Así que no es tan claro como probablemente pensabas. Sin embargo, muchos de nosotros tenemos el concepto de lo que queremos decir cuando hablamos de meditación, y tenemos ciertos resultados claros que esperamos lograr de la práctica de la meditación. En la actualidad, el énfasis en la meditación ha sido tanto para los beneficios físicos, como para los mentales y espirituales. Una de las razones de la confusión son los diferentes tipos de meditación que existen. Algunas prácticas ESTÁN destinadas a la concentración, calma y aclaración de la mente a través de la concentración en la respiración (también conocida como *Samatha*). Otras prácticas se concentran con estar "en el momento". Esto significa experimentar las circunstancias físicas y ambientales, y al mismo tiempo, mantener conciencia de tu mente y tus pensamientos. Esto te permite entenderlos mejor y ganar percepción y algo de control sobre ellos (*Vipassana*). A los últimos normalmente se les llama meditación de conciencia. Este libro contiene ambos tipos de técnicas de meditación, permitiéndote escoger la que te haga sentir más cómodo. En general, cualquier técnica que escojas te beneficiará en todas las áreas si continúas practicando.

Aprende a Disfrutar el Momento

Mucha gente hoy en día (y quizás siempre ha sido así) siente que su vida está completa, y de alguna manera, también vacía. Está llena de ocupaciones y estrés diario, con mucho de qué preocuparse. Y al mismo tiempo se siente vacía de la realización que deberíamos disfrutar en nuestras vidas. Pasa, momento a momento, pero cada momento solo pasa, y no se examina ni se disfruta. Y para muchos de nosotros, las partes que SI se examinan son las negativas, los tiemposdifíciles y los pensamientos tristes. Los momentos de felicidad potencial y satisfacción pasan desapercibidos. A través de la práctica de la meditación consciente, podrás aprender a vivir el momento y ver esas alegrías en tu vida. También puedes aprender a aceptar esos otros momentos y solo dejarlos pasar, en lugar de permanecer en ellos y permitirles manchar momentos futuros.

No voy a decirte que un par de semanas

de meditación van a traerte iluminación instantánea. La gente ha practicado meditación toda su vida (muchas vidas, si crees en la reencarnación) y no han llegado a este estado. Pero la meditación, practicada regularmente, te ayudará a mejorar tu forma de pensar y como te sientes. Uno de sus aspectos más importantes es hacerte consciente de ti mismo – demasiados de nosotros sabemos muy poco de lo que somos o como pensamos. No son tonterías de nueva era querer conocernos mejor. Al conocerte a ti mismo, puedes aprender como cambiarte, y asumo que, si estás leyendo esto, es porque no estás completamente satisfecho con quién eres, y quieres cambiar así sea un aspecto de eso.

Tomar Decisiones

Es verdad que no puedes evitar que te pasen cosas, sean buenas o malas. Las circunstancias son lo que son. Lo que si puedes hacer es escoger cómo reaccionar a estas cosas. Pero para hacer eso, necesitas tener algo de control sobre tus acciones. Y, por supuesto, las acciones son determinadas por los pensamientos, y por eso necesitas tener algo de control sobre tus pensamientos, y ahí es donde entra la meditación consciente. Una "meditación" que todos conocemos es contar hasta 10 cuando estamos molestos. Lo llamo meditación porque lo que hace es quitar la atención de la ira y ponerla en el conteo, y en ese momento nos da espacio para ajustar nuestros pensamientos y reacciones a esos pensamientos. En otras palabras, nos damos espacio y tiempo para tomar una decisión y escoger la manera de reaccionar.

¿Por qué Meditar?

La gente acude a la meditación por sus propias razones. Un hombre de negocios querrá reducir sus niveles de estrés de manera que pueda funcionar mejor. Una mujer con alguna enfermedad severa quizás quiera los beneficios físicos de la meditación. Un estudiante pudiera decidir que es la mejor manera para concentrarse y ser más efectivo al aprender, y una persona joven podría pensar que es una manera de conocerse mejor. Cada uno estaría en lo cierto. Tu motivo puede ser alguno de estos, o algo completamente diferente. Todos estos son ganancias que se pueden obtener a través del aprender a desarrollar una práctica constante de meditación. Cada una de las personas mencionadas también podrían sorprenderse de las ganancias extra que obtengan junto con lo que necesitaban en primer lugar. Aquellos interesados en los beneficios físicos de la meditación descubrirán que sus pensamientos son más claros, y que podrán concentrarse mejor en cosas positivas de sus vidas, manteniendo un sentido de perspectiva. Aquellos que acuden a la meditación como una manera de saber más sobre ellos mismos y a concentrarse, igual conseguirán los beneficios de un cuerpo sano. Al final, puedes reducirlo a la simple premisa de que ¡la meditación hace feliz a todos!

Conciencia

Ser consciente significa estar en el momento y aceptarlo sin juzgar. Al estar completamente consciente de tus pensamientos te vuelves capaz de cambiar el proceso de esos pensamientos y deshacerte de las viejas costumbres de la mente para quedar integrado en quién eres. Con la meditación consciente, permites que tus pensamientos pasen por tu mente mientras meditas, sin juzgar si son buenos o malos. Al hacer eso, empezarás a ver patrones en la forma en la que piensas sobre ciertas cosas, patrones que entonces podrás romper. Como dice arriba, la forma en la que piensas controla la realidad de tu vida: cada comportamiento empieza con un pensamiento, y al poder cambiar y controlar esos pensamientos podrás cambiar tu realidad. Posiblemente puedas pensar en instancias de tu vida donde al cambiar la forma de pensar sobre algo, podrías haber cambiado el resultado. A través de la meditación conscienteaprenderás a hacer eso. Los efectos de la meditación no solo ocurren cuando estás meditando; están ahí para ser llamados cuando los necesites - ya sea que tu misión sea la iluminación o solo la habilidad para "dejar de molestarte por pequeñeces".

Pensando en Pensar

Como humanos, no solo pensamos, también pensamos en como pensamos (el mundo científico lo llama metacognición o metaconocimiento). Al practicar la meditación consciente, entiendes no solo tus propios pensamientos, ¡sino también tus pensamientos acerca de esos pensamientos! Es complicado, así que este ejemplo puede ayudar:

Vas manejando por el camino cuando un coche te sobre pasa rápidamente. Tu primer pensamiento ("me está pasando un coche") puede seguir un poco más lejos; algo como: "Idiota en un carro bonito, está alardeando; pudo haber causado un accidente". Pero con el no-juicio que practicarás en meditación, lo verás de manera más objetiva. ¿Quizás lo llamaron del hospital, que alguien cercano a él ha tenido un accidente? o ¿Quizás estás manejando más lento de lo que el camino requiere?

Cualquiera que fuere tu primer pensamiento, en el espacio entre observar y juzgar, te has alejado de tu modo "molestarme y estresarme por ello", ¡lo que hará que tu día sea mucho mejor!

¿Cómo Funciona la Meditación?

La meditación es un medio para llevar a tu cuerpo y pensamientos a tu control pleno, en lugar de dejarlos "hacer lo suyo". Aunque la meditación trae un estado de relajación, es un más un estado de alerta que uno pasivo, algo parecido a la diferencia entre dormir y tomar una siesta. El estado de relajación que puedes lograr te permite estar consciente de tus pensamientos y sentimientos, y, por ende, te permita cambiar la forma en la que piensas las cosas, para mejor. Detrás de ese pensamiento, hay diferentes cambios físicos que trae la meditación, que permiten que todo eso ocurra.

Elasticidad Cerebral

Hasta hace relativamente poco, se pensaba que nuestro cerebro era bastante estático. Una vez "programado" pro el tiempo y experiencias tempranas, se quedaría así, según las formas antiguas de pensamiento. Pero investlgaciones recientes de la neurociencia han demostrado que eso definitivamente es mentira - el cerebro es "plástico". Esto significa que puede cambiar en términos de su estructura física y las conexiones entre sus áreas. La práctica repetida de algo causa estos cambios, ya sea en actividades físicas o mentales. Es por esto por lo que usamos la frase "Si no lo usas, lo pierdes" con relación a envejecer - Usar partes de nuestro cerebro no solo las causa desarrollar, el NO usarlas significa que las conexiones se rompen y algunas estructuras inclusive se encojen o degeneran.

La meditación es un campo que se ha estudiadocon relación a esta elasticidad cerebral. Estudiar el cerebro de gente que ha meditado por muchos años ha demostrado que sus cerebros envejecen más lento que el de otras personas, con más conexiones entre ciertas áreas y másáreas que continúan activas. Un área del cerebro que influencia la memoria y el aprendizaje, el hipocampo, se hace más gruesa solo con algunas semanas de meditación, lo que ha demostrado llevar a una mejor memoria y concentración. Otra área del cerebro que está físicamente afectada por la meditación es la región que tiene que ver con la compasión y el pensar en otros. Investigaciones recientes han demostrado que solo con algunas semanas de entrenamiento de meditación, esta área cambia y la persona se vuelve más compasiva y altruista.

Otros Efectos Físicos

Así como esta elasticidad cerebral, la meditación también tiene otros efectos físicos en el cuerpo. Al inducir un estado de relajación, la meditación te lleva a un estado donde la respiración es lenta y relajada, lo que relaja el resto del sistema corporal. La hormona del estrés, cortisol, y la adrenalina disminuyen, reduciendo el ritmo cardiaco y la presión sanguínea, permitiendo que nuestra químicasanguínea vuelva a un estado saludable y sin estrés. Junto a esto, estudios demuestran que la parte del cerebro asociada con el estrés y la "respuesta pelea o corre", el cuerpo amigdalino, reduce su tamaño en gente que medita regularmente (otro ejemplo de elasticidad mental).

Beneficios Probados

Aunque la gente ha creído en los beneficios del a meditación por siglos, la investigación moderna continúa descubriendo aúnmás beneficios. Originalmente vinculados a la espiritualidad y la religión, los beneficios físicos y emocionales se han convertido en focos de investigación y desarrollo, como puedes ver arriba.

Los beneficios físicos probados incluyen:
- Disminución de la presión sanguínea
- Disminución de hormonas de estrés como el cortisol
- Demora en el envejecimiento del cerebro
- Incremento en el tamaño de las áreas creativas del cerebro

Junto con estos efectos físicos, vienen otros:
- Disminución de pensamientos negativos
- Incremento del enfoque y la concentración
- Sentimiento de bienestar
- Incremento en la compasión por los demás

¿Quién Se Puede Beneficiar de la Meditación?

La respuesta corta a esa pregunta es "casi

todo el mundo". Pero llevándolo un poco más profundo, particularmente hay ciertas condiciones y grupos de meditación que pueden ayudar:

Ansiedad

La meditación consciente te ayuda a ver tu antiguo proceso de pensamientos de una manera nueva, de forma que las cosas que te hacían sentir ansiedad, ya no lo hacen. Aprendes a controlar tus pensamientos y a aceptar las cosas como son, sin juzgarlas negativamente. Los cambios físicostambién te ayudan a responder con más sutileza a situaciones que provocan ansiedad.

EstrésCrónico

Si te sientes estresado y bajo presión por mucho tiempo, sea en tu trabajo o tu vida, la meditación puede ayudarte a dejar ir algo de ese estrés para sentirte en calma. Lo logra por los cambios físicos que causa en la habitación, y tambiénayudándote a cambiar la forma en la que ves tu vida.

Pensamiento Creativo

Si tu trabajo, o tu vida, depende de que seas creativo con tus ideas, la meditación ha demostrado ayudar al pensamiento creativo. Te ayuda a concentrarte por más tiempo, y parece estimular las partes del cerebro que trabajan con el pensamiento divergente.

Luchar Contra Adicciones

Las adicciones al tabaco, alcohol, comida, drogas - todas pueden ser combatidas con la meditación. Si tienes alguna de estas adicciones las "Meditaciones Rápidas" que se dan más adelante a veces pueden ser suficientes para ayudarte a sobrellevar un momento de ansias o deseo.

Déficit de Atención

Ya sea que te diagnosticaran con ADD o ADHD, o solo SABES que tu atención puede irse por los costados, la meditación es una herramienta útil para incrementar tus niveles y tiempos de concentración en una tarea.

Depresión

La meditación trae cambios en el cuerpo y el cerebro que pueden ayudar a combatir la depresión y mejorar el humor. Ha demostrado ser tan efectiva como la medicación para el tratamiento de la depresión leve y moderada, y sin ninguno de los efectos secundarios que vienen con el uso de medicamentos.

Aunque parece que todo el mundo puede beneficiarse de la meditación, hay algunas personas que pueden encontrar que les da tiempo y espacio para entrar en recuerdos o pensamientos traumáticos que son incómodos o les hacen sentir "peor" en lugar de mejor. Esto no significa que la meditación no sea apropiada para ellos, pero yo sugeriría que puede ser beneficioso buscar más ayuda de un terapeuta profesional al mismo tiempo. Otro grupo que debería usar la meditación con cuidado son aquellos que hayan tenido episodios de psicosis en algún momento de sus vidas.

Comenzando

Una de las grandes cosas acerca de la meditación es que no necesitas nada para empezar - ¡Si quieres empezar en este momento, puedes (aunque mejor leer un poco más para obtener algunas técnicas)!

Encuentra el Momento

Una de las primeras preguntas que la gente hace es "¿Por cuánto tiempo debo meditar?" Para empezar, 5 minutos será suficiente, especialmente si no estás acostumbrado a sentarte en silencio. La frecuencia es más importante que la duración; ambos, por el beneficio que ganaras y por desarrollar el habito. Así que 5 minutos todos los días, TODOS los días, es mucho mejor que media hora un par de veces a la semana. El momento del día depende de tu horario. Algunas personas lo hacen al empezar la mañana, para empezar el día con bien pie. Otros prefieren en la tarde, para calmarse y reducir estrés. Es mejor no practicarla

justo después de comer porque:
- Es más probable que te quedes dormido al estar lleno de comida
- Tus ruidos y sensaciones digestivas harán que se dificulte la concentración
- Sentarse tranquilo y derecho con el estómago lleno no es muy cómodo

Pero en cualquier momento en que tengas un espacio regular o puedas crear uno, servirá. No tienes que estirar tu tiempo más que esos 5 minutos después de que has estado practicado por un tiempo, pero a medida que progresas y sientes los efectos, podrías decidir qué quieres.

Escoge un Espacio

Particularmente cuando empiezas, querrás un sitio con la menor cantidad de distracciones posible, y probablemente algún sitio donde no puedas ser interrumpido (o atrapado, si sientes que tienes que escabullirte). No lo compliques demasiado - utiliza lo que tienes al momento que escojas para meditar. Algunas personas prefieren estar afuera, "en contacto con la naturaleza", lo que suena como una buena idea. El problema es, sin embargo, que, si vives en un sitio con clima interesante, ¡puede que quieras cambiar los planes!

Para algunos, es importante tener un área que sea exclusivamente para la meditación. Puede que enciendan un incienso, o tengan flores frescas, o quizás unas estatuas u objetos religiosos. Todo está bien si tienes el espacio, pero nada es esencial.

Obviamente necesitarás un sitio cómodo para sentarte. Aunque es tentador sentarte de piernas cruzadas en el suelo y hacerlo "apropiadamente", a menos que seas bastante flexible, pronto estarás concentrándote en el dolor de tus articulaciones o tu trasero entumecido, así que una silla cómoda es una buena idea, una que sirva de apoyo para todo tu cuerpo y en la que te puedas sentar derecho. Existen herramientas especiales para meditación, pero otra vez, son buenas, pero no esenciales.

Personalmente prefiero que mis alrededores no estén muy abarrotados o desordenados, ya que daña mi concentración y ¡me recuerdan todo el trabajo que tengo que hacer! Pero como dije, empieza con lo que tienes - mejor meditar en un sitio no ideal a retrasarlo hasta encontrar el sitio perfecto. Eventualmente, cuando le agarres el ruedo, encontraras que es másfácil enfocar tu atención inclusive con sonidos y distracciones externas.

Prepárate

Lo más importante es estar cómodo, para que no te distraigas con nervios o achaques y dolores. Si puedes, usar ropa holgada, o al menos quítate los zapatos, cinturones y corbatas que te hagan sentir atrapado. Hay una tradición de limpiar el cuerpo antes de empezar, y aunque no es necesario, hace que la preparación sea mejor y separa tu tiempo de meditación del resto del día. Inclusive lavar tus manos y cara con agua fría te hará sentir que te estás preparando para tu práctica.

Al sentarte, tu columna debe estar erguida, con tu peso directo sobre tus isquiones. Podrás encontrar útil inclinar tu silla hacia adelante al colocar bloques debajo de las patas traseras. Si te quieres sentar en el piso, pero no puedes conseguir una posicióncómoda con las piernas cruzadas, solo pon tus piernas frente a ti, con un cojín o similar debajo de tus rodillas para prevenir tensión en tus piernas. Recostarte sobre algo también puede ayudar, solo recuerda la espalda recta. Coloca tus manos en tu regazo, pero no las cierres. ¿Estás sentado cómodamente? Bueno, ¡empecemos!

Técnicas de Meditación

Respiración

La meditación de respiración (*samatha*) es una de las mejores para novatos. Es tan sencilla como suena - te enfocas en tu aliento - pero eso no significa que sea fácil de hacer. El punto es, no es sobre perfección, so sobre mejorar como lo haces, así tu mente aprende a enfocarse solo en la tarea del momento, sin revolotear.

En tu espacio, siéntatecómodamente, como describí más arriba. Exhala, soltando la tensión de tus hombros mientras lo haces. No fuerces el aire hacia afuera o trates de mantener tus pulmones vacíos. Ahora todo lo que vas a hacer es respirar con normalidad. Enfócate en tu aliento entrando y saliendo de tu cuerpo, siente la sensación que aparece en cada bocanada. No trates de controlar o forzar tu respiración - a medida que te relajas, gradualmente se hará más lenta, no tienes que pensar en hacerlo. Tu mente divagará, solo devuélvela a las sensaciones de tu respiración. Este es el inicio de la meditación. No vas a pelear con los pensamientos que tienes, solo ignóralos y deja que se vayan a medida que te concentras de nuevo en tu respiración. Cuando llegues al final de tu momento, respira profunda y lentamente mientras abres los ojos. No te levantes rápido, puede que te sientas mareado, e incluso si no lo sientes, ¡querrás conservar ese sentimiento de calma tanto como sea posible!

¿Te parece muy fácil? Cuando lo intentes, encontrarás que no lo es. Tan pronto tomes la primera bocanada de aire, empezaran a aparecer cosas en tu cabeza, cosas en las que no habías pensado - la ropa sucia que hay que lavar; lo que dijo tu jefe; la comezón en la suela de tu pie izquierdo. Déjalas ir a todas y vuelve tu concentración a tu respiración.

Con prácticas cortas y regulares, ya estarás obteniendo los beneficios de los que hablamos en el primer capítulo, y gradualmente aprenderás a obtener los beneficios mentales también. No te apresures en "progresar" a un tipo diferente de meditación, construye tu practica con esta, la másbásica de las técnicas primero. Después de todo, ¡respirar es la cosa más importante que puedas hacer por ti mismo!

Exploración Corporal

Aunque suene como un procedimiento médico, no lo es. Para hacer una exploración corporal, recuéstate en algún sitio cómodo en el piso, sobre una frazada gruesa. Recuéstate con las piernas levemente separadas y tus brazos relajados a tu lado. Cierra tus ojos y relaja tu respiración. Empezaras por los dedos de tus pies e iras subiendo por tu cuerpo hasta la parte superior de tu cabeza. Primero, concéntrate en tus pies y en cómo se sienten. Ténsalos, y luego concéntrate en relajarlos tanto como puedas, sintiendo como se suavizan y se "ponen pesados". Ahora, ve hacia tus pantorrillas, otra vez tensando y relajando, y sintiendo los cambios en ellas. Sube lentamente a través de cada área de tu cuerpo, trabajando en ambos lados del cuerpo a la vez (ambas rodillas tensadas y relajadas a la vez, etc.). En cada fase, asegúrate de no tensar un área que ya habías relajado. Durante el ejercicio, respira uniformemente. A algunas personas les gusta agregarle a esto al imaginar la tensión como una luz colorida. A medida que liberas la tensión, visualiza una luz colorida que se va a través de tu piel en el área, tomando la tensión consigo. Una vez "explorado" todo tu cuerpo, disfruta de la sensación en la forma que tu cuerpo relajado se derrite en el suelo, y respira suavemente por un momento. Levántate suavemente también - ¡el cambio de postura agregado a tu estado de relajación puede hacer que te marees un poco!

Visualización

Este se puede hacer parado o acostado. Cierra tus ojos e imagina un lugar muy seguro y placentero para ti. Es una cosa personal - para algunos será una tibia playa, para otros la cima de una colina. Quieres involucrar a la mayor cantidad de sentidos en tu visualización como te sea posible, así que algo en el exterior es tu mejor opción, con olores, sonidos y sensaciones en tu piel.

El punto es, tiene que ser en algún lugar donde puedas sentir calma, felicidad y relajación, porque vas a pasar un poco de tiempo ahí. Concéntrate totalmente en estar ahí, imaginando cada uno de los sentidos siendo estimulados. Siente el calor del sol en tu piel, y escucha las olas contra la costa (asumiendo que estas en una playa, obviamente). Sumérgete en la sensación de estar ahí, y deja que las distracciones y pensamientos pasen de largo, reemplazándolos con partes de tu mundo imaginario. Durante este proceso, mantente relajado y respira con normalidad, no te tenses en un esfuerzo por conjurar las imágenes.

Concentración de Objeto

Esta es la favorita de mucha gente. El objeto escogido para la concentración normalmente es la flama de una vela, pero algunas personas prefieren un objeto de la naturaleza, como una flor o una piedra, o una imagen que signifique mucho para ellos. Yo encuentro más efectiva la flama de una vela porque tiene un poco de movimiento, tiene destellos, así que es másfácil volver la atención a ella si la perdemos. Siéntate en tu pose preferida con el objeto a nivel de los ojos frente a ti, para evitar tensar tu cuello. Asegúrate que el objeto está en un espacio limpio sin distracciones al rededor que puedan llamar tu atención. Enfócate y concéntrate en el objeto, permitiendo todos los pensamientos de otras cosas atravesar tu mente sin enfocarte en ellos. Parpadea con naturalidad, no dañes tus ojos, permite que tu respiracióntambién sea natural.

Meditación con Mantra

Un mantra es una palabra o frase que se repite una y otra vez. El mantra más conocido para meditar es *"Om"*, un sonido sagrado y místico asociado con algunas religiones orientales, como el Budismo o Hinduismo. Pero tu mantra puede ser lo que quieras. Sugeriría que fuera algo corto y positivo - como "paz" o "amor". Corear el mantra funciona al permitirte controlar tu respiración, y enfocar tus pensamientos, y hay quienes también creen que la vibración que ocurre en el pecho y cuerdas vocales durante el canto tiene beneficios adicionales. Para practicar este tipo de meditación, siéntate en tu posiciónmáscómoda con los ojos cerrados. Empieza a "cantar" tu mantra de manera relajada y controlada. Concéntrate en el mantra y deja que los demás pensamientos desaparezcan. A medida que te relajas, podrás darte cuenta de que has dejado de cantar en voz alta, y eso está bien, significa que estás en unestado de relajación - asumiendo que tu concentración no se ha esfumado (sabrás cual ha pasado).

Meditación de Afirmación

Esta es similar a la meditación con mantra, en la que repites una frase como parte de tu meditación. Sin embargo, escoges una afirmación que sea relevante para ti. La mente no puede mantener dos pensamientos a la vez, asíque, al enfocarte en tu afirmación, estás alejando a los malos pensamientos que viven en tu cabeza. Una buena forma de empezar es

escoger una afirmación que tenga que ver con tu meditación. Algunas buenas son:
- Exhalo estrés, inhalo calma
- Mi mente es libre
- Me siento en paz
- Mis pensamientos están callados
- Mi meditación es suficiente

También podrías afirmar lo que quieres de tu día. No seas demasiado especifico, es un humor general para el día que se avecina, no instrucciones específicas:
- Hoy escojo calma
- Me siento completo y saludable
- Mi vida es jubilosa hoy
- Siento compasión por otros
- Esta paz se quedará dentro de mi

Meditación en Movimiento

La meditación en movimiento se puede practicar muy fácilmente; ¡todo lo que necesitas es un lugar para caminar! Para muchas personas, estar rodeados de naturaleza, es una sensación calmante por sí misma, así que es ideal para ellos. Aunque obviamente tendrás que concentrarte en tus alrededores mientras caminas (¡no quieres tropezar con algo o alguien!, igual te vas a concentrar en ti, y en el proceso de caminar.

Empieza parándote quieto y sintiendo el contacto que tus pies tienen con el suelo, las partes de tus pies que están en contacto con tu calzado y entre ellos. Calma tu respiración y luego empieza a caminar. Camina con normalidad, a un paso gentil. Con cada paso se consciente de cómo se sienten tus pies, y como los músculos de tus piernas se mueven. Siente las sensaciones que suben a tu cuerpo, la forma en la que las caderas se mueven y tus brazos se balancean. A medida que te concentras en todos estos, date cuenta de los pensamientos que vienen a tu mente, pero no los juzgues o permanezcas en ellos, solo permíteles pasar a través de tu mente, y mantén tu conciencia en tu caminar. Se consciente de tu postura, y de todas las áreas donde hay tensión en tu cuerpo, y permite que se relajen. Mantén tu mirada enfocada suavemente frente a ti; esta es una meditación de tu caminar, no de tus alrededores. Camina por 15 o 20 minutos, y luego, gentilmente, detente.

Otra vez, concéntrate en la sensación del suelo bajo tus pies y los músculos alrededor de tu cuerpo, a medida que te paras en una posición balanceada, luego deja salir tu respiración y vuelve a la conciencia plena de tus alrededores.

Meditaciones de Minutos

Aunque estás construyendo tu practica regular de meditación, no tienes que mantenerlas en tu "tiempo oficial". Inclusive los más ocupados de nosotros tenemos momentos en el día que podemos usar para calmarnos, relajar nuestras mentes y ser consientes. Pueden ser usados como un botón de "reinicio" para un día que no está yendo bien. Las siguientes meditaciones pueden hacerse regularmente y agregaran valor a tu práctica.

Los Primeros Tres Bocados

Todos tenemos que comer, ¡hasta los más ocupados! Comer conscientemente es una manera de usar nuestra comida como meditación. También es genial si estás intentando mejorar tu alimentación o comer menos, ya que el ser consciente de lo que pones en tu boca te hace más propenso a tomar mejores decisiones. Pero seguido parece imposible comer toda la comida conscientemente, no ha tiempo. Así que este es un buen compromiso. Al enfocarte solo en los tres primeros bocados de una comida, permites que un poco de espacio entre en tu mente. Saborea cada bocado, los sabores y texturas. Se consciente de lo que hace tu cuerpo con cada bocado. Algunas personas deciden ser agradecidos por la comida, y ofrecen gracias mentales a todos los que la han preparado. Este pequeño espacio en cada comida te dará tiempo para calmar y enfocar tu mente.

El Café

Así como arriba, te vas a tomar el tiempo para enfocarte de verdad en los sabores y sensaciones de tu bebida caliente. Si es posible, encuentra un sitio silencioso donde sentarte y tomar tu café. Abraza la taza y siente el calor, imagina el calor esparciéndose por todo tu cuerpo. Da un sorbo y siente el calor esparciéndose por dentro de ti también. Enfócate en el aroma y el sabor mientras bebes, estimulando tantos sentidos como puedas.

Luz de Alto

En lugar de vez la luz de alto como una molestia que retrasa tu camino mientras manejas, agradece el descanso y la oportunidad de "trabajar" en ti. Quita tus manos de volante y descánsalas en tu regazo. Se consciente de tu respiración y puntos de tensión, y libera la tensión gentilmente. Se consciente de tus malos pensamientos también, y déjalos ir. Si estás trabajando con afirmaciones, tomate el momento para repetírtelas a ti mismo y recordártelas. Ahora deja tu aliento salir, agita tus manos y toma el control del volante de nuevo. ¡Estás en control otra vez!

Practicando Más

Una vez que establezcas una rutina con tu meditación, querrás expandirla con otras prácticas. Si quieres ver los aspectos más espirituales, hay muchas conexiones con religiones, especialmente el Budismo, que puedan ser de interés. También hay muchas practicas más físicas que incorporan la meditación como parte de ellas, y te nombraré algunas aquí.

Yoga

Podrás recordar que más temprano en el libro mencioné que la meditación fue introducida en el occidente junto con el yoga por Swmai Vivekananda. El Yoga es una disciplina mental y física, con meditación y respiración en cada práctica. La meditación se practica por separado en el yoga, en posición de sentado tradicional, pero otras poses activas también pueden usarse como medio de meditación. Como la meditación en movimiento, el movimiento del cuerpo en poses puede ser un área de enfoque y concentración completa y puede calmar y relajar la mente.

T'ai Chi

T'ai Chi, o por su nombre completo, T'ai Chi Ch'uan (que se traduce en "puño supremo dominante"), es un ejercicio de meditación de movimientos lentos que tiene sus raíces en las artes marciales Chinas y el Taoísmo. Practicada lentamente y en control, el ejercicio y las poses calman y enfocan la mente mientras fortalecen los músculos y desarrollan balance. Aunque técnicamente es un arte marcial, el método usual de practica no es considerado como tal, aunque se puede hacer a mucha más velocidad.

Qigong

El Qigong, o Chi Gong - dependiendo de quién escriba - se encuentra muy ligado al T'ai Chi. Este se puede traducir a algo así como "dominio de la energía vital". Algunas personas consideran el T'ai Chi simplemente como una forma diferente del Qigong. El qigong también posee movimientos lentos y precisos, pero la concentración suele ser mayor en la respiración y repetición de movimientos simples. Se toma como una práctica saludable más que como un arte marcial. De hecho, el qigong se incorpora dentro del plan nutricional nacional de China, y se practica en hospitales y escuelas. . Debido a esto, es probable que sea la forma de ejercicio y meditación más practicada en todo el mundo.

Meditaciones Guiadas

Como has visto hasta ahora, la meditación no es difícil, y desarrollar la practica simplemente se trata de esmerarte diariamente y tomarte tu tiempo. No necesitas más que un espacio limpio para sentarte para la mayoría de las meditaciones, ¡sin necesidad de gastar dinero! Algunas personas prefieren no trabajar por su cuenta de esta manera, y para ellos hay una variedad de formas en las que pueden practicar.

GuíasElectrónicas

Hay CD y videos disponibles que te guiaran a través de tu meditación. Estas involucran a alguien guiándote, a veces por medio de una visualización. Otras se concentran en un aspecto particular, por ejemplo, la reducción del estrés o ayudarte a dormir. Pueden ser una combinación de solo voz, o voz y música.

Música

A mucha gente le gusta la música para acompañar sus meditaciones, ya sea para "alejar" todo el sonido externo y las distracciones, o para concentrarse en ella. Algunas melodías son especialmente producidas para alterar las ondas del cerebro a una frecuencia más baja y relajarte más rápido.

Grupos de Meditación

Muchos sitios tendrán su grupo de meditación, donde la gente se junta a meditar. Algunos de estos son profanos, aunque otros pueden estar ligados a prácticas religiosas o espirituales. Meditar en grupo sirve para algunas personas, aunque otras encuentran que hay muchas distracciones o que no se sienten consientes de sí mismos.

Retiros

Si quieres sumergirte un poco más, un retiro puede ser la respuesta. Estos suelen ser bastante intensivos, y pueden ofrecer una combinación de sesiones de meditación y charlas, de forma estructurada, o inclusive puedes vivir como parte de la comunidad y tomar parte en sus sesiones de meditación diaria.

Conclusión

Espero que para este momento hayas encontrado tu razón para meditar, y alguna manera (o maneras) que te funcione.

Como sea que lo definas, la meditación es una manera efectiva de manejar el estrés de la vida cotidiana. Te da beneficios físicos como baja presión arterial, y beneficios mentales como pensamiento claro y memoria mejorada.

Mas que todo, la meditación es una manera de entender como piensas y reaccionas, y de cambiar esas reacciones a unas más positivas. Al hacer eso podrás tomar control sobre tus acciones y tus pensamientos. Eso debería ayudarte a mejorar como te sientes y como interactúas con otros en tu mundo. Eso solo puede ser bien, ¡espero!

La meditación es un viaje y no una meta. Probablemente no te despiertes una mañana y te des cuenta de que te has iluminado sobre todo en el mundo. Pero al desarrollar una práctica regular, estarás cada vez más lejos en ese camino.

Me gustaría tomar esta oportunidad para

agradecerte por descargar Meditación: Meditar por el Resto de Nosotros. Espero que tomes acción en algunos de los ejercicios provistos que han probado ayudar a aliviar el estrés, relajar y encontrar claridad de pensamiento.

Si disfrutaste este libro y te gustaría compartir un pensamiento positivo, podrías tomarte 30 segundos y dar tu recomendación en mi página de Amazon, puse un link debajo para tu conveniencia.

¡Aprecio inmensamente ver estas recomendaciones porque me ayuda a compartir mi arduo trabajo! Tus comentarios me permiten mejorar mis libros en cualquier manera posible. Otra vez, gracias, y te deseo lo mejor en tu viaje

Palabras Finales

Me gustaría aprovechar la oportunidad para agradecerte por descargar Meditación para el Resto de Nosotros y espero que tomes acción en los pasos provistos para darte más claridad, enfoque y paciencia.

Si disfrutaste este libro y te gustaría compartir un pensamiento positivo, podrías tomarte 30 segundos y dar tu recomendación en mi página de Amazon, puse un link debajo para tu conveniencia.

¡Aprecio inmensamente ver estas recomendaciones porque me ayuda a compartir mi arduo trabajo! Otra vez, gracias, y te deseo lo mejor en tu viaje

www.ingramcontent.com/pod-product-compliance
Lightning Source LLC
Chambersburg PA
CBHW071908070526
44583CB00016B/1900